AF435814

FRANCISCO CASADO
En alas de la voz
Buenos Aires Poetry, 2024
58 pp.; 13,34 cm. x 20,32 cm.
ISBN 978-987-8470-94-8
Poesía México

Editorial ©Buenos Aires Poetry

Colección ©Pippa Passes

Diseño editorial ©Camila Evia

**BUENOS
AIRES
POETRY**

BUENOS AIRES POETRY

editorial@buenosairespoetry.com

www.editorialbuenosairespoetry.com

EN ALAS
de la **VOZ**

FRANCISCO
CASADO

BUENOS
AIRES
POETRY

PIPPA
PASSES

Francisco Casado

*

En alas de la voz

*

A Mónica
y la clandestina luz de las pantallas

**Todo por intentar descifrar las alas
de una polilla**

I

Hablamos a través de la pantalla
sin prisa ni orden
sobre quienes somos hasta ese momento

azul respondí de inmediato
a tu voz pidiendo saber en qué color
preferiría disolver los ojos

entonces apareció
el manto de luces
la noche y el silencio

II

Sobre el marco de la puerta
una polilla
      volantazo justo para la conversación

pero, ¿cómo hacerte llegar su presencia?
todo lugar necesita indicaciones
para asegurar cómo volver

tristemente
las cámaras en los smartphones
todavía no alcanza a la imaginación

pero, una imagen sorpresa
sugiere poco más
que cualquier palabra   cualquier voz

III

La polilla en photofinish
superó a su doble en la pantalla

atravesó nuestra conversación
sin antes atravesar su cuerpo con filtros
          pecado de la virtualidad

de por sí el mundo ya es demasiado grande
como para que todavía las pantallas
aumenten un 10% la masa de lo que proyectan

toda imagen se ha editado
de algún modo
          deberíamos ya estar acostumbrados

IV

Pronto acabará el miedo
de enviar fotos malas
sin derrochar horas en su edición

pronto la inteligencia artificial
hará obsoletos los hardware de diseño
serán los cursos y aplicaciones de pago algo vintage

pronto los secretos del sueño y el renacer
estarán al alcance
de los smartphones

excepto la nostalgia
de hojear un álbum
con fotos impresas

V

Mientras llega la revolución de la óptica
hay que mejorar el pulso de algún modo:

        cortar el cable exacto
para desarmar bombas

        besar una mejilla
sin accidentalmente rozar las comisuras

declarar a través de una pantalla
los sentimientos más profundos

lo que ocurra primero

VI

No era la mejor foto
        no pudimos descifrar nada

con excepción de tu nota de voz
defendiendo que parecía tan real
hasta sentiste incluso su pequeña brisa

no era la mejor foto
        no hubo más que decir

excepto saborear
        con ojos cerrados
tu aliento escapando de la pantalla

Desde que hay smartphones

I

El tiempo rebosa violento
sin cuidado de los asaltos y la belleza

dentro un vaso
los relojes mueren lentamente

hacen del *ahora* el mejor sitio
donde atestiguar el fin del instante

(siempre violento)
el fin de la historia

(siempre violento)
        el fin de…

(siempre violento)
            …o su comienzo

II

El GPS solo puede ubicar
dónde está el cuerpo
en medio del paisaje
        no su sueño

solo puede comprobar
nuestra condición de nubes
        somos apenas
        lo que la mirada intuye

III

Cuando nadie llama
ni hay que llamar a nadie

ni siquiera se registra
una llamada perdida

puede decirse
que fue un *buen día*

ahora todo se soluciona
con un mensaje de texto

las mayúsculas
USURPAN EL EFECTO DE ALZAR LA VOZ

todo se soluciona
con una nota voz

pero aun prevalecen
las señales confusas

solo espero que tus antenas
intercepten el mensaje

IV

Terminaron las noches de oscuridad total

renunciaron las polillas
a los marcos de puertas y ventanas

abandonaron delatar
la presencia de la muerte y el infortunio

ya no se aparean
mueren de hambre

todo por dedicar su vida entera
a la luz

Desde que hay chats

I

Entre notificaciones a coro
el canto de los gorriones
está más cerca

tras la pantalla resisten
quienes se dicen ser
(de) lo(s) que escriben

hablar ya poco existe
cuando todo se arregla con una nota de voz
       un mensaje y listo

yo ha dejado de ser *otro*
en su lugar dejó a cargo el
yo es *ENVIAR / PUBLICAR*

II

lo escrito como

      remordimiento | afirmación | duda |
      recomendación | perspectiva | ignorancia |
      gusto | opinión | floritura | decreto |
      propuesta | monólogo | artilugio | sombra |
      importancia | prótesis | economía | incentivo |
      mito | recordatorio | psiquis | ensayo |
      negociación | arrojo | norma | sueño |
      divagación | discurso | enervante | sin sentido |
      rechazo | trámite | lectura | insistencia |
      resaca | declaración | diálogo | malestar |
      metáfora | hipótesis | repetición | derecho |
      basura | estampida | negación | testimonio |
      canción | amor | bragueta | casa | refutación |
      sujeto | fracaso | justificación | trauma |
prevalece
hasta que se borra

II.1

Lo escrito como
        destino turístico | composición | alopecia |
        crítica | forma inicial | decisión | irreversible |
        ablación | original | estética | creación | placer |
        corrupción | límite | tierra | minuto | auto referencial |
        noción | divinidad | impronta | automatismo |
        participación | misión | imposible | nómina
        forma de hablar | viaje | canto | cancelación |
        sociología | contingencia | atención | fuego |
        vida | guion | selfie | contagio | programación |
        escucha | felicidad | capital | presentación |
        metonimia | perro | altar | llanto | signo | repetición |
        tradición | fidelidad | visión | collage | paralelismo |
        diario | brújula | felicitación | (in)suficiencia | pulsión
prevalece
hasta que se borra

II.2

Lo escrito como

      algo inútil | piedra | alimento | mecánica | reproducción |
      rifa | sonido | meridiano | cultivo | receta de cocina |
      derrota | terremoto | mutismo | lección | crónica |
      caída | salario | descaro | iniciativa | rebeldía | tabú |
      venganza | personalidad | crisis | miseria | recato |
      excitación | justicia | ineptitud | muro | obscenidad |
      dilema | desarrollo | relación | código | sal | utopía |
      herida | suelo | despedida | ciencia | juventud | error |
      nube | ausencia | gravedad | festín | tejido | restauración |
      canon | estampa | reflejo | fondo | tigre | expedición |
      despertar | anuncio | revelación | descanso | tótem |
      física | mentira | fuero | tercer sueño | repetición |
      disculpa | definición | res | rezo | intermitencia |
      calidez | lugar común | paisaje | festival | huésped |
      aprendizaje | mirada | ruina | introducción | cuerda |
      compañía | vanguardia | fractura | confusión |
      juego de azar |
prevalece
hasta que se borra

III

Si las palabras no se crean
ni se destruyen
        ¿a dónde van al borrarlas?

Nadie te dirá:
no borres nada,
hay personas en el mundo
que ni una palabra les sale
        y tú
            desperdiciando sentido

las palabras eclosionan
borrar
solo desata que algo pase

IV

En la vida hay tres comandos inevitables

[Ctrl + c]   un purgatorio donde flota todo
{Ctrl + v}   un reparo de certidumbre
(Ctrl + z)   un salvoconducto

En la vida hay tres comandos imprescindibles

copia / pega / arrepiéntete

Sálvense los dedos ágiles

V

la palabra alimenta la voz
lamenta también

la voz alienta tan bien
como bien miente la palabra

la palabra cambia la voz
no lo que dice

toda idea escurre un delirio
con intención de provocar

toda revuelta comienza
con un destello silencioso

VI

24 meridianos de norte a sur
separados cada 15°

Cáncer, Ecuador y Capricornio
perpendicularmente

la soberanía de Estado
con base en ríos y cordilleras

el planeta entero reducido
al destello ubicuo de una notificación

VII

Entre tímpanos y falanges
a punta de lengüetazos y digitaciones

el texto predictivo asimila el pulso
juega al mensaje (no tan) divino

donde no todas las   ✓✓   representan paz
ni todas las   ✓✓   son una declaración de guerra

ante el miedo a que lo guardado se convierta en árbol
procura escupir toda palabra

VI

Lori Lewis y Chadd Callahan de Cumulus Media
en 2018 confirmaron que por minuto
38 millones de mensajes en Whatsapp
fueron enviados
                    y la poética del cuidado
ronda un promedio de tres palabras por mensaje

buenos días | ¿lo vemos juntos? |
vamos, te invito | ten un lindo día | ¿ya comiste? |
¡hola! | ya llegué | ya te llamo | confío en ti | guap_ |
holaaaaaaaaaaaaaa | te extraño | descansa |
a mí también me gustó | ¿cómo te sientes? | perdona |
te tengo un chisme | me acordé mucho de ti |
¿cómo le haces? | ¿quieres hablar de eso? |
cuenta conmigo | besitos | me gustaría que fuéramos |
chulada | vamos con tus papás | corazón | lo olvidé |
gracias | espera | te ayudo | disfruta | te pienso |
¿necesitas algo? | te aviso | espero tu llamada |
estás guapísim_ | eres un amor |
¿viste el meme que te envié? | linda noche |
recupérate pronto | me encantas | descansa |
lo siento mucho | te espero | sueña mucho |
ayúdame | nos vemos pronto | quiero llorar |
avisa cuando llegues | te quiero |
tienes que oír esta canción | te dejé algo |
todo estará bien | felicidades | por favor |
cuídate mucho | estoy muy orgullos_ de ti |
te quedó increíble | oye | ¿me abrazas? |

VII

80 111 100 114 195 173 97 109 111 115 32 113 117 101
100 97 114 110 111 115 32 97 113 117 195 173 32 101
108 32 116 105 101 109 112 111 32 110 101 99 101 115
97 114 105 111 10 97 32 99 117 98 105 101 114 116 111
32 100 101 32 108 97 32 108 108 117 118 105 97 32 101
110 32 99 195 179 100 105 103 111 32 65 83 67 73 73 10
104 97 115 116 97 32 113 117 101 32 101 108 32 71 73
70 32 100 101 108 32 99 108 105 109 97 32 99 97 109 98
105 101 10 10 110 111 32 104 97 99 101 32 102 97 108
116 97 32 101 115 112 97 99 105 111 32 112 97 114 97
32 113 117 101 32 99 97 100 97 32 117 110 111 32 10
116 101 110 103 97 32 115 117 115 32 112 114 111 112
105 97 115 32 98 97 110 97 108 105 100 97 100 101 115
32 121 32 114 101 99 117 101 114 100 111 115 32 10 97
32 106 117 101 103 111 32 99 111 110 32 108 97 115 32
98 97 110 97 108 105 100 97 100 101 115 32 121 32 114
101 99 117 101 114 100 111 115 32 113 117 101 32 104
97 103 97 109 111 115 10 10 97 99 97 98 195 179 32 108
97 32 112 114 101 99 97 114 105 101 100 97 100 32 100
101 32 108 111 115 32 109 111 100 101 109 32 50 56 107
10 110 111 32 115 101 32 98 97 106 97 32 100 101 32 51
48 32 109 101 103 97 98 121 116 101 115 32 112 111 114
32 115 101 103 117 110 100 111 10 121 32 108 97 32 97
108 116 97 32 100 101 32 102 105 110 105 99 105 195 179
110 32 101 115 116 195 161 32 97 32 110 97 100 97 32
100 101 32 115 101 114 32 117 110 32 100 101 114 101
99 104 111 32 99 111 110 115 116 105 116 117 99 105
111 110 97 108 10 10 194 191 105 109 112 111 114 116

97 114 195 173 97 32 108 97 32 102 97 108 116 97 32 100
101 32 99 117 101 114 112 111 115 10 99 117 97 110 100
111 32 112 111 100 101 109 111 115 32 98 97 195 177 97
114 110 111 115 32 101 110 32 108 97 32 110 117 98 101
32 10 115 105 110 32 114 105 101 115 103 111 32 100
101 32 99 111 110 116 114 97 101 114 32 117 110 32 118
105 114 117 115 63 10 10 97 32 101 115 116 101 32 109
101 116 97 109 117 110 100 111 32 10 108 101 32 112
111 100 114 195 173 97 109 111 115 32 100 101 99 105
114 32 104 111 103 97 114 10 101 110 116 114 101 116
97 110 116 111 10*

*TRADUCCIÓN

Podríamos quedarnos aquí el tiempo necesario / a cubierto de la lluvia en código ASCII / hasta que el GIF del clima cambie // no hace falta espacio para que cada uno / tenga sus propias banalidades y recuerdos / a juego con las banalidades y recuerdos que hagamos // acabó la precariedad de los modem 28k / no se baja de 30 megabytes por segundo / y la alta definición está a nada de ser un derecho constitucional // ¿importaría la falta de cuerpos / cuando podemos bañarnos en la nube / sin riesgo de contraer un virus? // a este metamundo / le podríamos decir hogar / entretanto

Desde que hay relaciones a distancia

I

Cada pestaña suelta por tallar los ojos
es dedicada

al deseo de abandonar la alta definición
que solo transmite fragmentos
entre idas al baño y ventanas de incógnito

al deseo por descartar que el cruce
de frecuencias morfogenéticas
no fue mera coincidencia

al deseo de completar
las frases del otro

al deseo por saber
        que yo sé
        que tú sabes
        si ahí
        algo propio
        se refleja

II

En tu ventana: vendedores de fruta
en la mía: un afilador de cuchillos

tú y yo jugando voluntariamente
entre ___donde estés___ y ___donde estoy___
    (dónde quieres estar)   (donde quiero estar)

bailemos a ritmo de mensajes de texto y notas de voz
con la hipotenusa de motocicletas atravesando la calle

III

Andamos
en transformada
de coseno discreta (DTC)
tamiz de rostros | stickers | memes | fotos
su compactada energía de dominio | secuencia finita
de puntos | señal sinusoidal | frecuencia y amplitud
color | tono | textura | coeficiente justo
a través de la red
hasta su destino
prrrrr-prrrrrr
video
llamada
entrante
¿desea
contestar?
prrrrr-prrrrrr
invertir su dominio
como si estuviéramos frente a frente

IV

[inhala]

LEE

[exhala]

CÓMO RESPIRO

[inhala]

ESCÚCHAME

[exhala]

EN LO ESCRITO

[inhala]

SIENTE

[exhala]

LA MAREA

[inhala]

LA POLILLA

[exhala]

A TI

[inhala]

A MI

[exhala]

GOLPEAR LA LUZ

Desde que los mensajes pueden llevar al éxtasis

I

nace
un bodegón virtual

de pelo en pecho
piernas abiertas
sonrisa juguetona
genitales relucientes

nace
sobre los márgenes
de teclas
ojos

en favor del espectáculo
eventualmente
habrá la opción
de compartir aroma

II

Tu boca a la deriva
en mi mano
alcanza su punto de máxima tensión

cada palabra
se rompe
significado no retornable

pan de cada día
que se come con gusto
a pesar de no calmar el hambre

III

Los mensajes de texto
cuerpo hecho de palabras

aguijones
que (des)hacen la esperanza

eco de olas que rompen
contra castillos de arena

la palabra idónea
la palabra idónea da frutos in vox
red suficiente que atrapa y libera

VII

No se tiene que resistir a lo dicho

¿no se tiene que resistir a lo dicho?
no resistirse a la dicha
                              lo dicho
cae   abrázalo
                              lo dicho
deja caer
la luminosa cicatriz del reflejo
                              lo dicho
inmola su soma
          huella donde crecerá
nuevamente
por voluntad de otra espera

IV

Cálida
vibración

EL
MENSAJE

retumba
la entraña

En alguna ocasión viste
un mensaje similar

apuesto
que jamás lo notaste

V

Este mensaje ya ocurrió

DEBIÓ   DECIR   ALGO
SOBRE   TI   QUE
TE   RECUERDE
QUIZÁ   ESTO
PUEDA   HACERLO

no lo viste venir

VII

Preguntarle al traductor de Google

Coincidir en una película por Cuevana

Sonreírle a tu nombre en la llamada entrante

Un día tranquilo en el historial de búsqueda

Abstenerse del screenshot

son pruebas de fe

VII

Aunque no lo creas del todo
      esto es tuyo
      es tu   yo

recuérdalo mientras somos
todo esto
              tú   &   yo

en este preciso momento
esto es una caja de resonancia

cuando termines de leer
      en silencio
recupera el aliento

Desde que hay relaciones a distancia

I

No hay mejor analgésico
para el dolor fantasma
que softwares *freemium*

      nuestro hogar
un fragmento de servidor
donde sincronizar
la diferencia horaria
      pespunte
de frecuencia modulada

II

Con menos de un gigabyte de conversación
alcanzaría
para

❦ una novelita
❦ un troyano
❦ una tesis de antropología titulada
Los mensajes de texto
y su influencia ritual en
las relaciones a distancia
desde 2021
❦ guiones para otro resurgimiento
de las plataformas de streaming
❦ una antología epistolar perdida
dentro un cajón

Desde que hay chats

I

El olvido ofrece tregua
sin premios de consolación
a lo mucho que se ha leído
sin darse cuenta

Warren Buffet afirma que se pueden *leer*
200 libros de no-ficción al año
los libros de no-ficción contienen aprox.
50,000 palabras
1 año = 200 libros x 50,000 palabras por libro
son 10 millones de palabras
entre 250 palabras leídas (aprox.) por minuto
dan 40,000 minutos
entre 60
se requieren 667 horas para leer 200 libros en un año

ese mismo tiempo
una persona promedio ocupa 730 horas
en redes sociales y 657 frente a la televisión
1,387 horas al año por 200 libros
dan 277,400 libros/hora, entre 667 horas
una persona promedio habría leído en ese mismo año
409 libros sobre todo y nada
mientras la distancia prevalece

II

Y a todo esto
el texto predictivo
¿qué tiene que escribir?

> *tome una siesta en lo más profundo de mi corazón*
> *no piense*

> *en lo más profundo de la ventana hay un plato*
> *tome su foto*

> *¿a poco no es increíble*
> *provocar a gente con su cara de vergüenza?*

> *mejor decida y tome la vida*
> *sin pensar en el último intento*

> *el olvido de los muertos*
> *es el ojo del mar*

> *todo lo que haga*
> *espera llegar a ser un buen amigo de papá*

> *aunque no fuera lo mejor*
> *nos dejó un abrazo grande*

> *jamás pensó en un día increíble*
> *después de cerrar la boca*

andar el camino sin pensar
es hacer un buen amigo

deje un abrazo grande
y otro para usted también

ha sido un día increíble
de abrir la boca sin pensar

espero que pronto
lo volvamos a hacer

en cierto modo
abrazar el algoritmo
desahoga

III

escribiendo✓✓
✓✓nota de voz
                escribiendo✓✓
✓✓nota de voz
                escribiendo✓✓
✓✓nota de voz
                meme✓✓
✓✓❤
                ❤✓✓
✓✓nota de voz
                meme✓✓
✓✓meme
                XD✓✓
✓✓XD
                ❤✓✓
✓✓¿te puedo llamar?
                sí✓✓
entre avioncitos de papel electrónico
las escalas son imperceptibles

IV

Digo *escucha esto*
        y acerco el micrófono hacia la bocina
escucha esto
        y acerco el micrófono hacia los pájaros
escucha esto
        y acerco el micrófono hacia el viento
escucha esto
        y acerco el micrófono hacia la lluvia
escucha esto
        y acerco el micrófono hacia la noche
escucha esto
        y acerco el micrófono hacia mi garganta
escucha esto
        y acerco el micrófono
        hacia el cuchillo que raspa la fritura
escucha esto
        y acerco el micrófono hacia la polilla
        sobre el marco de la puerta
escucha esto
        y acerco el micrófono hacia los árboles
escucha esto
        y acerco el micrófono hacia el sueño
escucha esto
        y acerco el micrófono hacia el pecho
escucha esto
        y acerco el micrófono hacia los párpados
escucha esto
        y acerco el micrófono hacia el oído
dime si el mar está ahí

V

En el arte
y técnica
de tomarse de las manos
del apretón de mano
en el método
de medir la presión arterial
cualquier cosa
letras
incluso el futuro
chatear desde el celular
se considera parte integral
de ahora en adelante

Desde que hay smartphones

I

Urge herir de muerte el calendario
        estar frente a frente
hasta sentir estática entre los dedos

reafirmar que el mundo
es todavía demasiado grande
y que va en contra
de la naturaleza de las pantallas

urge tirar a la basura
toda la electrónica
volver hasta donde alcanza la vista

(entre risas)
no obstante, insisto
        ningún tiempo es mejor que ahora

II

Reconstituir el reflejo
vaciar los mensajes
eliminar la conversación
perder la contraseña
y2k
tormenta solar
virus informático
robo
caer accidentalmente
al piso
al inodoro
eventualmente
todo lo que sirve
          sirve para nada
eventualmente
todo deja de servir

III

Las palabras regresan a su origen en la brisa

una polilla
es una caja de resonancia

un smartphone
es una caja de resonancia

las notas de voz
son una caja de resonancia

la luz artificial
es una caja de resonancia

los chats
son una caja de resonancia

el WhatsApp
es una caja de resonancia

la distancia
es una caja de resonancia

tu cuarto
es una caja de resonancia

el vacío
es una caja de resonancia

el sexting
es una caja de resonancia

una pantalla
es una caja de resonancia

una bocina
es una caja de resonancia

esta idea
es una caja de resonancia

mi boca y tu pecho
son una caja de resonancia

el vómito
es una caja de resonancia

los aviones y la brisa
son una caja de resonancia

los espejos y estas páginas
son una caja de resonancia

una caja de resonancia
es todo lo que vive y provoca vivir

IV

De tallar tanto los ojos
cada pestaña termina
dedicada
a vernos pronto
y no
a la velocidad
de las pantallas

V

Queda 15% de batería
        2 horas de uso

podríamos dejarlo todo tal cual
y volver mañana como si nada

las polillas reclaman tregua
al brillo de las pantallas

pero seguimos
viéndonos sin vernos

esperando en línea
a quien oprima la primera letra

**Todo por intentar descifrar las alas
de una polilla**

I

Hablábamos a través de la pantalla
        resta 1 hora de uso
        5% de batería
y el auto corrector
también quiere salir de ahí

no ya muramos dóbde apretyamos
ni qué ~~decor~~ decir*

y si mejor
ponemos una :-) y listo
un <3   un :*

no queda más qué decir
que no se haya dicho

II

Una entomóloga
para el National Geographic
dijo sentir pena
por todas las polillas que
revoloteando la iluminación nocturna
han malgastado sus vidas

claramente
podríamos ser nosotros
pero al menos nuestro revolotear
caminando en círculos
amasando sábanas
apapacha la distancia

III

Tal y como pudo suceder
en medio de una caverna
olvidamos el primer beso
al separar nuestros labios
mañana habrá otro igual
en nuestra ventana
como habrá otra polilla
bajo la luz de las farolas
sin temor del canto
y sus aves que revientan el cielo

IV

Me encantaría que sintieras
cuando te deseo
pases una linda noche

cuando te deseo
recuperes energía
para terminar los pendientes

cuando te deseo
me sueñes
y te deseo sueñes

cuando te deseo
me desees

cuando te deseo
deseo

por esta ocasión me comeré el resto de las palabras
solo necesitas ver este último mensaje

t-d-c-o
ƎϟƐ

V

Todavía nos queda mañana
para repetir lo dicho

otra vez decirlo todo
y mañana repetirlo nuevamente

otra vez (mañana)
hasta que alguno logre ir o vuelva

hasta que alguno deje de contestar
        se descargue la batería

falle la conexión
se termine el saldo

lo que ocurra primero

V

Cada uno
detrás de su pantalla

con la polilla aferrada al paladar
lejos del néctar y las flores

antes de cerrar sesión
tu risa confiesa lo ameno que ha sido nuestro chat

donde tus notas de voz
son el abrazo que siempre falta

y escribirte
es una forma provisional de besarte los ojos

Sobre el autor

Francisco Casado (1990, CDMX). Arquitecto y escritor. Mención Honorífica del Premio Bruno Corona Petit (2020 y 2022). Ha publicado en revistas digitales y diversas antologías de México y Argentina, así como los libros *Para mirar los pasos* (2021), Escrúpulos Editorial, premio Don't Read 2021; las plaquettes *Flush* (2023) Taller de imprenta Canciones Tristes. Books & Printing, *Mira mamá sin WordArt* (2023) Ediciones Awita de Chale.

Diciembre 2024
Buenos Aires Poetry
www.editorialbuenosairespoetry.com

www.ingramcontent.com/pod-product-compliance
Lightning Source LLC
Chambersburg PA
CBHW021355160726
47994CB00007B/2968